Beatrice Aepli # Raclette

Raclette

Beatrice Aepli

FONA

Vierte Auflage 2014

www.fona.ch

Lektorat: Léonie Schmid
Gestaltung Umschlag: FonaGrafik
Gestaltung Inhalt: Ursula Mötteli, Grafikdesign, Aarau
Fotos: Hansjörg Volkart, Zürich
Raclette Suisse (21–29 und 54/55)
Emmi Käse AG (18)
Druck: Kösel, Altusried-Krugzell

ISBN: 978-3-03780-440-7

Inhaltsverzeichnis

Focacce

Verwendete Abkürzungen

EL = gestrichener Esslöffel
TL = gestrichener Teelöffel
ml = Milliliter
dl = Deziliter
Msp = Messerspitze
l = Liter

Mengen

Raclettes und Pizzas
Wo nicht anders erwähnt, reicht die Rezeptmenge für 6 Pfännchen

Focacce
Eine Rezeptmenge reicht für 4 bis 6 Personen zum Aperitif

Vorwort

Bewährtes neu entdecken – dazu laden wir Sie ein. Im visuellen Zeitalter, wo der Bildschirm Mittelpunkt des Geschehens ist, im Beruf wie in der Freizeit, bleibt kaum Zeit für ein Gespräch, für gemütliches Zusammensein.
Das muss nicht sein ... Gönnen Sie sich genussvolle, gesellige und gemütliche Stunden mit Ihrer Familie, Ihren Freunden und Bekannten. Reizen Sie Ihre Sinne. Entdecken Sie gemeinsam die Vielfalt und den herzhaften Schmelz von Raclette.
Wir wünschen Ihnen und Ihren Gästen angeregte Stunden und einen guten Appetit.

Käse für die Raclette-«Küche»

Die Entdeckung von Raclette

Es kursieren viele Geschichten um den traditionsreichen Käse. Eine besagt, dass Hirten ihren Käse zu nah am Feuer liegen hatten und er daher zu schmelzen begann, schnell wurde der Käse auf eine Scheibe Brot gestrichen, was sehr fein schmeckte und die Geburtsstunde von Raclette gewesen sein soll.

Wie immer Raclette entstanden ist, er ist Käse und kulinarisches Erlebnis in einem. Seine einzigartigen Schmelzeigenschaften versprechen besonderen Genuss. Heute nicht mehr nur in den Wintermonaten, sondern auch zur Sommerzeit.

Der Name «Raclette» entstand im 19. Jahrhundert vermutlich aus dem französischen Wort «racler», was in deutscher Übersetzung so viel wie «abschaben» oder auch «abkratzen» bedeutet. Die Nachfrage nach dem zart schmelzenden Käse hat in den letzten Jahrzehnten sprunghaft zugenommen; «Raclette» ist eines der beliebtesten Schweizer Gerichte.

Der Raclettekäse wird mehrheitlich aus pasteurisierter Milch hergestellt. Die optimale Reife erreicht er nach vier Monaten.

Der klassische Raclettekäse ist mild und nicht aromatisiert. Nebst dem Klassiker gibt es aber immer mehr aromatisierte Varianten wie zum Beispiel den Raclette Pfeffer, Paprika und Knoblauch. Alle sind mit entsprechenden natürlichen Zutaten gewürzt.

Ein besonderer Genuss ist der höhlengereifte KALTBACH Raclette. Die Käse werden in der Sandsteinhöhle in Kaltbach sorgfältig ausgereift und entfalten nach rund 6 Monaten ein einzigartig intensives Aroma.

Raclettekäse kann auch als Tafelkäse verwendet werden. In diesem Fall den Käse 30 Minuten vor Genuss Raumtemperatur annehmen lassen, damit er sein volles Aroma entfalten kann.

Sbrinz

Der Extraharte aus dem Herzen der Schweiz ist einer der ältesten Schweizer Käse überhaupt. Der römische Schriftsteller Plinius schreibt etwa 50 n. Chr. von einem «Caseus Helveticus», vermutlich dem Sbrinz. Im 17. Jahrhundert war der Extraharte weit über die Landesgrenzen hinaus bekannt und beliebt. Mit Maultieren säumten damals Händler die festen Sbrinzlaibe über den Gotthard nach Italien und tauschten sie gegen Reis, Kastanien und Wein. Mit dem begehrten Titel «Appellation d'Origine Contrôlée AOC» wird der Sbrinz weltweit geschützt. Seine Herstellung unterliegt strengen Qualitätsvorschriften. So muss die Milch von Kühen stammen, die im Sommer mit Gras und im Winter mit Heu gefüttert werden. Silofutter und anderes Zusatzfutter sind nicht erlaubt. Der Sbrinz AOC wird in 42 Alp- und Talkäsereien hergestellt. Für einen 45 kg schweren Käselaib werden mehr als 600 Liter frische Rohmilch verarbeitet. Die gepressten Laibe werden während 18 Tagen in Salzwasser gelagert. Darauf verlieren sie im Abschwitzraum bei 18 °C Raumtemperatur Wasser und Fett. Die Käselaibe werden regelmäßig trockengerieben. Das volle Aroma entwickelt er erst nach 24 Monaten.

Emmentaler

Auch wenn der Emmentaler heute in modernen Produktionsräumen hergestellt wird, sind nach wie vor Tradition und Fingerspitzengefühl gefragt. Der junge Käse wird gepresst, in Salzwasser gebadet und 2 Wochen im kühlen Salzkeller gelagert. Nun folgen 2 Wochen in der «Vorheizung» bei 18 bis 20 °C, bevor die Laibe 4 bis 6 Wochen im warmen Gärkeller bei 20 bis 23 °C gelagert werden. Hier bildet sich im Innern des Käselaibes Kohlensäuregas. Und weil dieses nicht entweichen kann, entstehen die berühmten Löcher. Nach 3 Monaten werden die Laibe in 3 Qualitäten eingeteilt. In Lagerkellern wird der Emmentaler 4 bis 8 Monate gepflegt. Er reift bei konstanter Temperatur und Luftfeuchtigkeit. Als «Emmentaler Switzerland milder Käse» kommt er nach 4 Monaten in den Handel, und als «Emmentaler Switzerland réserve» nach 8 Monaten. Für den höhlengereiften KALTBACH Emmentaler werden nach 4 Monaten die besten Käselaibe ausgesucht und für die Reifung in die Sandsteinhöhle Kaltbach gebracht, wo sie bei optimalem natürlichem Klima gepflegt werden. Nach 8 Monaten nehmen die Käselaibe eine natürliche schwarzbraune Farbe an, das Markenzeichen für einen echten höhlengereiften KALTBACH Emmentaler. Durch das Wenden und Waschen entwickelt sich die einzigartig nussige Würze. Nach 14 Monaten ist die Veredelung abgeschlossen.

Le Gruyère

Le Gruyère besticht durch sein kräftiges Aroma und seinen zarten, mürben Teig. Während der Reifung wird er mit reinem Salzwasser eingerieben. So entsteht auf der Rinde eine Schmierschicht, welche die Reifung beschleunigt und dem Käse ein kräftiges Aroma gibt. «Le Gruyère» wird außer im Greyerzerland auch in den angrenzenden französischsprachigen Gebieten der Schweiz hergestellt. Ein milder Gruyère hat eine Reifezeit von 5 Monaten, ein mittelreifer 8 Monate und ein rezenter braucht zusätzliche 2 Monate. Nach einer Reifedauer von 12 Monaten wird er zum «Surchoix». «Le Gruyère AOC» ist eine geschützte Ursprungsbezeichnung. Sie sichert nicht nur die Qualität, sondern garantiert auch Echtheit. Der höhlengereifte KALTBACH Le Gruyère stammt aus der Zentralschweizer Höhle Kaltbach, wo sich ein weit verzweigtes Labyrinth tief in den Santenberg hineinzieht. In dieser Sandsteinhöhle hat die mineralstoffreiche Luft eine konstante Temperatur von 12,5 °C bei einer Luftfeuchtigkeit von 94 %. Die jungen Käselaibe (4 Monate alt) werden in ausgewählten Dorfkäsereien streng selektioniert, bevor sie in der Höhle während 10 Monaten reifen; sie werden täglich 2 Mal mit Salzwasser eingerieben. Nach 14 Monaten ist der Gruyère eine echte Delikatesse.

Tilsiter

Tilsiter ist ein geschütteter Käse, d. h. der Käsebruch wird in eine Form geschüttet und gepresst. Unter dem Druck des Eigengewichts läuft die Molke ab. Nach dem Salzbad werden die Käselaibe eingerieben und so entsteht die typische Flora des Rotschmierkäses mit den

Linens-Bakterien. Der Tilsiter wird während dieser Zeit in feuchten Kellern gelagert und regelmäßig gewendet.

Gorgonzola

Der Klassiker aus der Lombardei mit einer über tausendjährigen Tradition. Früher wurde Gorgonzola zum Reifen in feuchten Höhlen gelagert, damit sich der zarte, blaue Schimmel bilden konnte. Heute wird dem Lab der Schimmelpilz «Penicillinum glaucum» zugefügt, um die typische Blauschimmelmaserung zu erzielen.

Parmesan

Der König unter den italienischen Käse wird je älter, desto härter und würziger. Bis 5 Jahre kann seine Reifezeit dauern. Der junge Parmesan mit einer Reifezeit von 1 bis 2 Jahren ist weich und mild im Geschmack. Zum Reiben eignet sich der Parmesan erst ab 3 Jahren Reifezeit. Man sollte Parmesan stets selber reiben. Das Original aus Parma trägt das Echtheits- und Gütesiegel «Parmigiano reggiano».

Mozzarella

Der Mozzarella gehört zur großen Familie der Formaggi a pasta filata, dem «Käse mit gezogenem Teig». Neben ihm sind der Provolone und Caciocavallo die bekanntesten Vertreter dieser Gruppe, um die sich wiederum eine ganze Reihe weiterer Käse gruppieren. Früher wurde zu deren Herstellung die Milch mit Lab versetzt, einem Enzym, das vorwiegend aus Kälbermägen gewonnen wird und zur Gerinnung der Milch führt. Anschließend knetete man den Käsebruch (Käsemasse) in heißem Wasser zu einer elastischen und formbaren Masse, beim Mozzarella wurde sie von Hand zu einer Kugel geformt. Diesen Handgriff nannte man «mozzare», was schließlich auch zum Namen Mozzarella führte. Gelagert wurden die Mozzarellakugeln in Salzwasser oder man hängte sie zum Räuchern in einen Kamin. In Süditalien gibt es heute viel zu wenig Büffel, als dass man die weltweit immer noch steigende Nachfrage nach dem beliebten Käse befriedigen könnte. Deshalb wird schon seit längerer Zeit – auch außerhalb von Italien – hauptsächlich Kuhmilch verwendet. Auch die Form des Mozzarellas hat sich weiterentwickelt Neben der üblichen runden bis ovalen Kugel findet man (Gewicht ca. 200 g) kleine Kugeln (Mozzarelline), Perlen sowie ganze Blöcke in verschiedenen Größen. Den heutigen Mozzarella, der aus pasteurisierter Vollmilch hergestellt wird, versetzt man außer mit Lab auch mit ausgewählten Milchsäurebakterien, was dem Käse eine leichte Säure und ein fein spürbares Aroma gibt. Da der Mozzarella keinen eigentlichen Reifeprozess durchläuft, braucht er keine Lagerung und ist sofort genussbereit. In der Originalverpackung bleibt der Frischkäse bei geschlossener Kühlkette rund einen Monat haltbar.

1 Raclette
2 Raclette Pfeffer
3 Sbrinz
4 KALTBACH Emmentaler
5 KALTBACH Le Gruyère
6 Tilsiter surchoix

1

Raclette
Pfeffer · Poivre
Schweizer Raclette
Raclette Suisse
Raclette Svizzera
Swiss Raclette Cheese

2

Sbrinz

3

4

5

Tilsiter

6

Raclette

Aus dem Pfännchen

Im kleinen Pfännchen geschmolzener Käse, gewürzt mit einer Prise frischem Pfeffer, schmeckt einfach herrlich! In diesem kleinen, pflegeleichten Geschirr darf aber auch gedünstet werden, ganz nach Lust und Laune. Ob Kartoffeln, Gemüse, Pilze, Fleisch und Fisch oder Früchte, mit der bunten Palette kleiner Köstlichkeiten können alle Beteiligten ihren kulinarischen Vorlieben frönen.

Kartoffel-Raclette

- 8 Raclette-Kartoffeln
- 1 Stück Lauch
- 2 Scheiben Bauernschinken
- 150 g KALTBACH Raclettekäse, am Stück
- wenig Butter
- frisch gemahlener Pfeffer

Vorbereiten

Die Kartoffeln im Dampf garen, abkühlen lassen, schälen, in Scheiben schneiden. Den Lauch in feine Ringe, den Schinken in Streifen schneiden. Den Raclettekäse auf der Röstiraffel reiben.

Am Tisch

Wenig Butter in die Pfännchen geben, und auf dem Grill schmelzen, den Lauch darin kurz dünsten, herausnehmen.
Die Kartoffeln in die Pfännchen legen, Lauch und Schinken darüber verteilen, mit Pfeffer würzen, Raclettekäse darüber streuen. Unter dem Grill überbacken.

Pilz-Kartoffel-Gratin

- 6 Raclette-Kartoffeln
- 75 g Champignons
- Salz
- frisch gemahlener Pfeffer
- frisch geriebene Muskatnuss
- 50 g Speckwürfelchen
- 120 g KALTBACH Le Gruyère

Vorbereiten

Die Kartoffeln im Dampf garen, abkühlen lassen, schälen, in Scheiben schneiden. Die Champignons putzen, in Scheiben schneiden. Gruyère auf der Röstiraffel reiben.

Am Tisch

Zuerst die Kartoffeln, dann die Pilze in die Pfännchen verteilen, mit Salz, Pfeffer und Muskatnuss würzen, Speck und Käse darüber verteilen. Unter dem Grill überbacken.

KALTBACH
Raclette Klassiker

- 500 g Raclette-Kartoffeln

- 400 g KALTBACH Raclettekäse, in Scheiben
- Raclettegewürzmischung
- frisch gemahlener Pfeffer
- edelsüßes Paprikapulver

- Cornichons
- Silberzwiebelchen
- Cherrytomaten

Vorbereiten
Die Kartoffeln in der Schale im Dampf weich garen, in einem trockenen Handtuch oder in einer Serviette warm halten.

Zubereitung
Raclettekäse im Pfännchen schmelzen, würzen.

Raclette Mexicana Olé

- wenig Butter
- 1 kleine Zwiebel, fein gehackt
- 150 g feine grüne Bohnen
- 1 Maiskolben
- 1 EL fein gehackter Oregano
- 1 Msp Salz
- 100–150 g Pfeffer-Raclettekäse
- einige Oreganoblättchen

Vorbereiten

Hüllblätter beim Maiskolben entfernen, die Maiskörner mit einem Messer vom Kolben schneiden. Bei den Bohnen den Stielansatz wegschneiden, in 2 cm lange Stücke schneiden, über Dampf knackig mit kaltem Wasser abschrecken.
Zwiebeln in der Butter glasig dünsten, Maiskörner und Bohnen kurz mitdünsten, mit Oregano und Salz abschmekken.

Am Tisch

Mais-Bohnen-Ragout in die Pfännchen verteilen, Raclettekäse darauf legen und schmelzen lassen, mit Oreganoblättchen garnieren.

Abbildung unten

Raclette Mignon Delight

für 8 Pfännchen

Marinade
- 2 EL Rotwein
- 2 EL Rapsöl
- 1 TL Senf
- 2 TL Zitronenthymianblättchen
- 1 mittelgroßer Peperoncino, längs aufgeschnitten, entkernt, fein gehackt, oder
- 1 Msp Cayennepfeffer

- 250 g Rinderfilet, in 8 Scheiben
- 1 Msp Salz
- 1 großer Spross Stangensellerie, in feinen Scheiben
- 200–250 g Raclettekäse, in Scheiben
- einige schöne Sellerieblätter

Vorbereiten

Für die Marinade alle Zutaten verrühren, die Fleischscheiben damit einpinseln. Im Kühlschrank zugedeckt 30 Minuten marinieren.

Am Tisch

Die marinierten Fleischscheiben mit Salz würzen, in die Pfännchen verteilen, kurz anbraten. Stanensellerie darüber verteilen, mit dem Raclette Käse belegen, schmelzen lassen. Mit Selleriegrün garnieren.

Abbildung oben

Raclette mit Kümmelkartoffeln und Speck

- 4 Raclette-Kartoffeln
- 150 g Raclettekäse
- 40 g Speckwürfelchen
- 1/2 TL Kümmelsamen
- frisch gemahlener Pfeffer

Vorbereiten

Die Kartoffeln in der Schale im Dampf weich garen, auskühlen lassen, dann längs vierteln.

Am Tisch

Den Käse in Pfännchen verteilen, mit den Kartoffeln und dem Speck belegen, Kümmel darüber streuen, mit Pfeffer abschmecken. Unter dem Grill überbacken.

Raclette Pizzaiolo

- ca. 180 g Raclettekäse, 5 Scheiben
- 1 Tomate
- 1 TL Öl von getrockneten Tomaten
- 1 kleine Zwiebel, fein gehackt
- 1 kleine Knoblauchzehe, in Scheiben
- 2 getrocknete Tomaten, fein geschnitten
- wenig Oregano, gehackt
- wenig Petersilie, Blättchen abgezupft, gehackt
- Salz
- frisch gemahlener Pfeffer

Vorbereiten

Bei den Tomaten den Stielansatz kreisförmig herausschneiden, in Scheiben schneiden. Zwiebeln und Knoblauch im Tomatenöl andünsten, getrocknete Tomaten und Kräuter unterrühren. Eine Raclettescheibe in Streifen schneiden.

Am Tisch

4 Raclettescheiben in die Pfännchen legen, Tomatenscheiben darauf legen, Zwiebelmix darüber verteilen, mit Käsestreifen belegen, würzen. Unter dem Grill überbacken.

Raclette Tricolore

- 2 EL fein gehackte glattblättrige Petersilie
- 1 EL fein geschnittene Basilikumblättchen
- 1 Schalotte, fein gehackt
- 1 Msp Salz
- frisch gemahlener Pfeffer
- 2 kleine, reife Tomaten
- 100–125 g Raclettekäse, in Scheiben
- einige Basilikumblättchen

Vorbereiten

Stielansatz der Tomaten kreisförmig herausschneiden, beide Tomaten in vier Scheiben schneiden, auf einen Teller legen. Kräuter und Schalotten mischen, mit Salz und Pfeffer würzen. Kräutermischung auf 4 Tomatenscheiben verteilen, restliche Tomatenscheiben darauf legen.

Am Tisch

Die gefüllten Tomatenrondellen in die Pfännchen verteilen, den Raclettekäse darauf legen, unter dem Grill schmelzen lassen, mit Basilikum garnieren.

Abbildung unten

Raclette Burger mit Gurken

für 8 Pfännchen

- 250 g gemischtes Hackfleisch
- 1 Ei
- 1 EL Paniermehl
- 1 TL Senf
- 1 EL fein gehackter Estragon
- Bundzwiebeln mit Grün, beides in Ringe geschnitten
- 1/2 TL Salz
- frisch gemahlener Pfeffer
- 2 Freilandgurken
- 2 EL fein gehackter Estragon
- 200–250 g Raclettekäse, in Scheiben

Vorbereiten

Backofen auf 220 °C vorheizen.
Das Hackfleisch mit Ei, Paniermehl und Senf gut vermengen, Estragon und Zwiebeln untermischen, mit Salz und Pfeffer würzen. Aus der Fleischmasse 8 gleich große Burger formen, auf ein mit Backpapier belegtes Blech legen, in der Mitte in den Ofen schieben, bei 220 °C 15 Minuten backen. Auskühlen lassen.
Gurken schälen, längs halbieren, entkernen, in Würfelchen schneiden, mit Estragon und Salz würzen.

Am Tisch

Gurkenwürfelchen in die Pfännchen verteilen. Je einen Hamburger darauf legen, schmelzen lassen.

Abbildung oben

Raclette Sweet-Honey

- 1 Scheibe Schinken, 1 cm dick, ca. 170 g
- 1 EL grobkörniger Senf
- 1 TL flüssiger Honig
- 1 kleine Knoblauchzehe, durchgepresst
- 1 kleiner Peperoncino/Pfefferschote, entkernt, fein gehackt, oder 1 Msp Cayennepfeffer
- 80 g Himbeeren
- 100–120 g Raclettekäse

Vorbereiten

Schinken in 1 cm große Würfel schneiden, mit Senf, Honig, Knoblauch und Peperoncini mischen, zugedeckt im Kühlschrank mindestens 30 Minuten marinieren

Am Tisch

Schinkenwürfel und Himbeeren in die Pfännchen verteilen, Käse darauf legen, unter dem Grill schmelzen.

Abbildung oben

Raclette Cäsars Triumph

- 6 Raclette- Kartoffeln
- 6 frische Lorbeerblätter
- 200–250 g Pfeffer-Raclette-Käse, in Scheiben

Vorbereiten

Kartoffeln in der Schale im Dampf weich garen. Auskühlen lassen. Vierteln

Am Tisch

Je 1 Lorbeerblatt in ein Pfännchen legen, 4 Kartoffelviertel darauf legen, mit dem Pfeffer-Raclettekäse bedecken, unter dem Grill schmelzen.

Variante

Lorbeerblätter durch Rosmarinzweiglein ersetzen.

Abbildung unten

Überbackene Krevetten

- 1 kleiner roter Peperoni/Paprikaschote
- 150 g Krevetten/Garnelen
- wenig Zitronensaft
- Salz
- frisch gemahlener Pfeffer
- 200 g Vacherin Mont d'Or
- 1 Bund Dill

Vorbereiten

Peperoni halbieren, Stielansatz und Kerne entfernen, Schotenhälften in Würfelchen schneiden. Dill fein hacken.

Am Tisch

Peperoni und Krevetten in die Pfännchen verteilen, mit Zitronensaft beträufeln, mit Salz und Pfeffer würzen, unter dem Grill kurz dünsten. Je 2 EL Vacherin Mont d'Or darüber verteilen, Dill darüber streuen. Käse unter dem Grill schmelzen lassen.

Abbildung unten

Schweinefilet Mozzarelline

- 100 g Schweinefilet
- 80 g Mozzarelline (Mozzarellakügelchen)
- 1 Tomate
- 1 kleine Dose Sardellenfilets (6 Filets)
- getrockneter Oregano
- Salz
- frisch gemahlener Pfeffer

Vorbereiten

Das Schweinefilet in etwa 1 cm dicke Scheiben schneiden, zwischen Klarsichtfolien möglichst flach klopfen. Mozzarelline in Scheiben schneiden. Stielansatz der Tomate kreisförmig herausschneiden, Tomate in Scheiben schneiden. Sardellenfilets einrollen oder hacken.

Am Tisch

In jedes Pfännchen eine Fleischscheibe legen, darauf die Mozzarelline verteilen. Mit je einer Tomatenscheibe und Sardelle belegen. Mit Oregano, Salz und Pfeffer würzen. Unter dem Grill backen.

Abbildung oben

Kartoffel-Kürbis-Gratin

- 6 Raclette-Kartoffeln
- 1 kleine Zwiebel
- 100 g fruchtiger Kürbis
- 100 g Tilsiter surchoix
- Salz
- frisch gemahlener Pfeffer
- 1 Bund Schnittlauch

Vorbereiten

Die Kartoffeln im Dampf garen, abkühlen lassen, schälen, in Scheiben schneiden. Die Zwiebel fein hacken. Den Schnittlauch fein schneiden. Kürbis und Käse auf der Röstiraffel reiben.

Am Tisch

Zuerst Kartoffeln, dann Kürbis, Käse und Zwiebeln in die Pfännchen verteilen, mit Salz und Pfeffer würzen. Unter dem Grill überbacken. Mit Schnittlauch bestreuen.

Abbildung oben

Ananas-Raclette

mit Parmaschinken

- 6 frische Ananasscheiben oder 6 Ananasscheiben aus der Dose
- 3 Scheiben Parmaschinken
- 200 g Raclettekäse, gewürfelt
- 2 rote Peperoncini/Pfefferschoten
- Salz
- frisch gemahlener Pfeffer

Vorbereiten

Die Ananasscheiben nach Belieben ganz lassen oder in kleine Stücke schneiden. Parmaschinken halbieren. Peperoncini in Ringe schneiden.

Am Tisch

Ananas in die Pfännchen verteilen, unter dem Grill kurz dünsten, mit Salz und Pfeffer würzen, mit dem Parmaschinken belegen. Raclettekäse und Peperoncini darüber streuen. Unter dem Grill überbacken.

Abbildung unten

Apfel-Raclette
mit Stangensellerie

- 4 Raclette-Kartoffeln
- 1 Apfel
- 2 Spross Stangen-/Staudensellerie
- 200 g Edamer Käse
- Meersalz
- frisch gemahlener Pfeffer

Vorbereiten
Die Kartoffeln im Dampf garen, abkühlen lassen, schälen, in Scheiben schneiden. Apfel mit Schale vierteln, entkernen, Viertel in Schnitze schneiden. Stangensellerie in feine Scheiben schneiden. Edamer ebenfalls in Scheiben schneiden.

Am Tisch
Zuerst die Kartoffeln, dann die Äpfel und den Stangensellerie in die Pfännchen verteilen, mit Salz und Pfeffer würzen, Käsescheiben darauf legen. Unter dem Grill überbacken.

Abbildung links

Zucchini-Raclette
mit Speck

- 1 Zucchino
- Salz
- frisch gemahlener Pfeffer
- frische oder getrocknete Thymianblättchen
- 1 EL weißer Balsamico
- 2 EL Olivenöl extra nativ
- 100 g Ziegenfrischkäse
- 6 Speckscheiben

Vorbereiten
Den Zucchino beidseitig kappen, in dünne Scheiben schneiden, mit Salz, Pfeffer und Thymian würzen. Balsamico und Olivenöl verrühren. Ziegenfrischkäse in Würfelchen schneiden.

Am Tisch
Zucchinischeiben in die Pfännchen verteilen, mit der Sauce beträufeln. Unter dem Grill kurz dünsten, je eine Speckscheibe darauf legen, Ziegenfrischkäse darüber streuen. Unter dem Grill überbacken.

Abbildung rechts

Poulet-Raclette
mit Peperoni und Ananas

- 200 g Poulet-/Hähnchenbrust
- Salz
- frisch gemahlener Pfeffer
- Curry
- ¼ roter Peperoni/Paprikaschote
- 3 Scheiben Ananas
- 6 Scheiben Paprika-Raclettekäse (ca. 200 g)

Vorbereiten
Pouletbrust in Streifen schneiden, mit Salz, Pfeffer und Curry würzen. Peperoni entkernen, in Würfelchen schneiden. Ananas in Würfelchen schneiden.

Am Tisch
Pouletstreifen in die Pfännchen verteilen, auf dem Grill unter Wenden anbraten. Käsescheiben auf das Fleisch legen, Ananas- und Peperoniwürfelchen darüber streuen. Unter dem Grill überbacken.

Birnen-Kartoffel-Gratin

- 6 Raclette-Kartoffeln
- 2 kleine Birnen
- 50 g Gorgonzola
- 3 EL Crème fraîche/saure Sahne
- Salz
- frisch gemahlener Pfeffer

Vorbereiten
Die Kartoffeln im Dampf garen, abkühlen lassen, schälen, in Scheiben schneiden. Die Birnen schälen, vierteln, entkernen. Die Fruchtviertel quer in feine Scheiben schneiden. Gorgonzola zerbröckeln, mit der Crème fraîche/saure Sahne vermengen.

Am Tisch
Kartoffeln und Birnen in die Pfännchen verteilen, mit Salz und Pfeffer würzen. Je 1 EL Käse darüber verteilen. Unter dem Grill überbacken.

Pasta-Gratin

mit Bolognese

- 70 g kurze Teigwaren, z. B. Muscheln
- 100 g Mozzarella
- 1 EL Olivenöl extra nativ
- ½ Zwiebel
- 1 Knoblauchzehe
- 100 g gemischtes Hackfleisch
- 200 g Pelati aus der Dose, entstielt und gehackt
- Salz
- frisch gemahlener Pfeffer
- getrockneter Oregano

Vorbereiten

Die Teigwaren in reichlich Salzwasser al dente kochen, abgießen, mit kaltem Wasser abschrecken. Den Mozzarella in Scheiben schneiden. Zwiebel und Knoblauch fein hacken, beides im Olivenöl andünsten, Hackfleisch beifügen und anbraten, Pelati zugeben, mit Salz, Pfeffer und Oregano würzen, Sauce bei schwacher Hitze 5 Minuten köcheln.

Am Tisch

Teigwaren in die Pfännchen verteilen, etwas Bolognese darüber verteilen, Mozzarella darauf legen, unter dem Grill überbacken.

Abbildung Seite 40, oben links

Peperoni-Pfännchen

- je 1 gelber, roter und grüner Peperoni/Paprikaschote
- 75 g Silberzwiebelchen aus dem Glas, abgetropft
- 2 EL Olivenöl extra nativ
- Salz
- frisch gemahlener Pfeffer
- 150 g Parmesan
- 3 EL Sonnenblumenkerne

Vorbereiten

Peperoni halbieren, Stielansatz und Kerne entfernen, Schotenhälften quer in möglichst feine Streifen schneiden. Parmesan auf der Röstiraffel reiben.

Am Tisch

Peperonistreifen und Silberzwiebelchen in die Pfännchen verteilen, mit Olivenöl beträufeln, mit Salz und Pfeffer würzen. Unter dem Grill kurz dünsten. Parmesan und Kerne darüber streuen, unter dem Grill überbacken.

Abbildung Seite 38, oben rechts

Getreide-Gratin

- 3½ dl/350 ml Gemüsebrühe
- 150 g Getreide-Risotto
- ½ Bund Petersilie
- 1 Frühlingszwiebel mit Grün
- 2 Tomaten
- 150 g Weichkäse

Vorbereiten

Die Gemüsebrühe aufkochen, Getreide-Risotto zufügen, 5 Minuten sprudelnd kochen, dann auf der ausgeschalteten Wärmequelle zugedeckt 30 Minuten oder länger ausquellen lassen. Petersilie fein hacken. Frühlingszwiebel in feine Scheiben, Grün in Röllchen schneiden. Stielansatz der Tomaten kreisförmig herausschneiden, Tomaten klein würfeln. Kräuter, Zwiebeln und Tomaten mit dem Getreide-Risotto vermengen. Den Käse in Würfelchen schneiden.

Am Tisch

Den Getreide-Risotto in die Pfännchen verteilen. Die Käsewürfelchen darüber streuen. Unter dem Grill überbacken.

Abbildung unten

Rezept «Peperoni-Pfännchen»
(oben rechts), Rezept Seite 37

Hamburger
überbacken

- 1 kleine Zwiebel
- ½ Bund Petersilie
- 200 g gemischtes Hackfleisch
- Salz
- frisch gemahlener Pfeffer
- 4 Scheiben Toastbrot
- 1 Bund Schnittlauch
- 200 g KALTBACH Le Gruyère, gerieben
- 2 dl/200 ml Milch
- 1 Eigelb

Vorbereiten

Die Zwiebel fein hacken. Die Petersilie von den Stielen zupfen und fein hacken, mit dem Hackfleisch gut vermengen, mit Salz und Pfeffer würzen. Aus der Masse 6 sehr flache Hamburger formen. Das Brot klein würfeln. Den Schnittlauch fein schneiden. Brot, Schnittlauch, Käse, Milch und Eigelb gut vermengen, mit Salz und Pfeffer würzen.

Am Tisch

In jedes Pfännchen einen Hamburger legen, unter dem Grill kurz braten. Die Pfännchen herausziehen. Käsemasse auf dem Burger verteilen. Unter dem Grill überbacken.

Abbildung oben links

Scharfes Tomaten-Raclette

- 3 Tomaten
- 2 Frühlingszwiebeln mit Grün
- 1–2 Peperoncini/Pfefferschoten
- getrockneter Oregano
- 6 Scheiben Pfeffer-Raclettekäse (ca. 200 g)

Vorbereiten

Stielansatz der Tomaten kreisförmig herausschneiden, die Tomaten in Scheiben schneiden. Zwiebeln in Scheiben, Grün in feine Ringe schneiden. Peperoncini in Ringe schneiden.

Am Tisch

Tomatenscheiben in die Pfännchen legen. Frühlingszwiebeln, Peperoncini und Oregano darüber streuen. Je eine Käsescheibe darauf legen. Unter dem Grill überbacken.

Abbildung unten

Brokkoli-Gratin mit Nüssen

- 300 g Brokkoli
- 6 EL Cashewkerne
- 150 g KALTBACH Emmentaler
- 6 EL Chilisauce

Vorbereiten

Brokkoli in Röschen teilen, im Dampf 5 Minuten vorgaren. Cashewkerne grob hacken. Emmentaler Käse auf der Röstiraffel reiben.

Am Tisch

Den Brokkoli in die Pfännchen verteilen. Cashewkerne, Chilisauce sowie Käse darüber verteilen. Unter dem Grill überbacken.

Abbildung oben rechts

Rezept «Pasta-Gratin mit Bolognese» (oben links), Rezept Seite 37

Ratatouille-Gratin
mit Feta

- 1 gelber Peperoni/Paprikaschote
- 2 Tomaten
- 1 Zucchino
- 1 kleine Zwiebel
- 1 Knoblauchzehe
- 3 EL Olivenöl extra nativ
- Salz
- frisch gemahlener Pfeffer
- 12 entsteinte schwarze Oliven
- 120 g Feta
- 2 Zweiglein Basilikum, Blättchen abgezupft

Vorbereiten
Peperoni halbieren, Stielansatz und Kerne entfernen. Stielansatz der Tomaten kreisförmig herausschneiden. Peperoni, Tomaten und Zucchino in kleine Würfel schneiden. Zwiebel und Knoblauchzehe fein hacken, in 1 EL Olivenöl andünsten, Peperoni, Tomaten sowie Zucchini kurz mitdünsten, würzen mit Salz und Pfeffer. Oliven in feine Scheiben, Feta in Würfel schneiden.

Am Tisch
Die Gemüsemischung in die Pfännchen verteilen, mit Oliven und Feta belegen. Ein wenig Olivenöl darüber träufeln. Unter dem Grill überbacken. Mit dem Basilikum garnieren.

Abbildung links

Fleisch-Raclette
mit Avocado

- 200 g Schweinefleisch zum Kurzbraten
- Salz
- frisch gemahlener Pfeffer
- 150 g KALTBACH Le Gruyère
- ½ Avocado
- 1 EL Zitronensaft
- 3 EL Crème double/Doppelrahm
- 1 EL eingelegte grüne Pfefferkörner

Vorbereiten
Fleisch in Streifen schneiden, mit Salz und Pfeffer würzen. Gruyère auf der Röstiraffel reiben. Avocado schälen, Fruchthälfte längs halbieren, den Stein entfernen, quer in Scheiben schneiden, rasch mit Zitronensaft beträufeln.

Am Tisch
Die Fleischstreifen in die Pfännchen verteilen, auf dem Grill unter Wenden anbraten. Crème double, Pfefferkörner, Avocados und Käse auf dem Fleisch verteilen. Unter dem Grill überbacken.

Abbildung rechts

Spargel-Raclette
mit Kartoffeln

- 1 EL Butter
- 6 weiße Spargel
- 6 Raclettekartoffeln
- Salz
- frisch gemahlener Pfeffer
- 4 EL geriebener Parmesan
- 6 Scheiben Raclettekäse (ca. 200 g)

Vorbereiten
Kartoffeln in der Schale im Dampf weich garen, etwas abkühlen lassen, schälen und in Scheiben schneiden. Spargel schälen, untere Hälfte großzügig, obere Hälfte sparsam, bis alle grobfasrigen Teile entfernt sind, Ende kappen. Dicke Stangen längs halbieren, in mundgerechte Stücke schneiden, Spargelstücke in der Butter andünsten, ein wenig Gemüsebrühe zugeben, zugedeckt 10 Minuten bei schwacher Hitze weich dünsten.

Am Tisch
Kartoffelscheiben in die Pfännchen legen, Spargelstücke darauf verteilen, mit Salz und Pfeffer würzen, mit dem Parmesan bestreuen. Je eine Scheibe Raclettekäse darauf legen. Unter dem Grill kurz überbacken.

Abbildung unten

Lachsforellen-Pfännchen

- 300 g Lachsforellenfilet oder Lachsfilet
- 4 Zweige Dill
- 1 EL Butter
- Salz
- frisch gemahlener Pfeffer
- 6 EL trockener Weißwein
- 100 g Frischkäse mit Meerrettich

Vorbereiten
Die Fischfilets in Stücke schneiden. Den Dill grob hacken.

Am Tisch
Wenig Butter in die Pfännchen geben und auf dem Grill schmelzen. Pfännchen vom Grill nehmen, die Fischstreifen in die Pfännchen verteilen, würzen mit Salz und Pfeffer, mit Weißwein beträufeln, Frischkäse darauf verteilen, unter dem Grill überbacken, mit Dill bestreuen.

Tipp
Frischkäse natur verwenden, mit frisch geriebenem Meerrettich vermengen.

Abbildung oben

GRILL

Spinat-Fisch-Gratin

- 300 g frischer oder
  200 g tiefgekühlter Blattspinat
- 100 g geräuchertes Forellenfilet
- 2 Knoblauchzehen
- 150 g Gorgonzola-Mascarpone
- Salz
- frisch gemahlener Pfeffer
- frisch geriebene Muskatnuss

Vorbereiten

Den frischen Spinat im Dampf zusammenfallen lassen, in ein Sieb geben und gut ausdrücken. Den tiefgekühlten Spinat auftauen, dann gut ausdrücken. Fisch in Stücke schneiden. Knoblauchzehe fein hacken. Gorgonzola zerbröckeln.

Am Tisch

Den Spinat in die Pfännchen verteilen, mit Knoblauch, Salz, Pfeffer und Muskatnuss würzen, Käse und Fisch darüber verteilen. Unter dem Grill überbacken.

Abbildung oben

Rösti

mit Speck

- 6 gekochte Raclette-Kartoffeln
- 3 Scheiben Frühstücksspeck
- 200 g KALTBACH Le Gruyère, gerieben
- 2 Eier
- 1 EL Quark
- Salz
- frisch gemahlener Pfeffer
- frisch geriebene Muskatnuss

Vorbereiten

Die Kartoffeln schälen, auf der Röstiraffel reiben. Den Speck in Streifen schneiden. Käse, Eier und Quark gut verrühren, mit Salz, Pfeffer und Muskatnuss würzen.

Am Tisch

Kartoffeln in die Pfännchen verteilen, Käsemasse darauf ausstreichen, mit dem Speck bestreuen. Unter dem Grill überbacken.

Abbildung unten

Bananen
im Kokosnussmantel

- 2 EL flüssiger Honig
- 1 EL Zitronensaft
- 3 EL Kokosnussflocken
- 1 große oder 2 kleine Bananen
- 1 EL Butter

Vorbereiten
Honig und Zitronensaft gut verrühren. Die Bananen schälen und in Scheiben schneiden, in Honig und Kokosnussflocken wenden.

Am Tisch
Wenig Butter in die Pfännchen verteilen, auf den Grill stellen und schmelzen, die Bananen in die Pfännchen geben und beidseitig knusprig backen.

Abbildung links

Aprikosen
mit Haselnusskrokant

Nusskrokant
- 75 g Haselnüsse
- 75 g Butter
- 75 g Vollrohrzucker

- 12 frische reife Aprikosen oder Aprikosen aus der Dose
- 3 EL Aprikosenlikör oder Grand Marnier, nach Belieben
- 200 g Crème double/Doppelrahm

Vorbereiten
Für den Krokant die Haselnüsse grob hacken. Die Butter in einer kleinen Bratpfanne schmelzen, Haselnüsse und Zucker zufügen, wenden, bis der Zucker hellbraun karamellisiert. Krokant auf ein eingefettetes kleines Blech geben und auskühlen lassen. Die hart gewordene Masse mit dem Teigholz grob zerstoßen. Erntefrische Aprikosen mit einer Gabel rundum einstechen. Kurz in kochendes Wasser tauchen, Haut abziehen. Früchte halbieren, Stein und Stielansatz entfernen.

Am Tisch
Aprikosenhälften mit der Schnittfläche nach oben in die Pfännchen legen. Nach Belieben mit Aprikosenlikör oder Grand Marnier beträufeln. Crème double darüber verteilen, mit dem Nusskrokant bestreuen. Unter dem Grill überbacken.

Abbildung rechts

Pizzas und Toasts

Willkommen in der Pizzeria

Kleine Pizzas aus selbst gemachtem Teig machen jedem Pizzaiolo Konkurrenz! Hier übernimmt das kleine Pfännchen die Funktion des Backblechs. Und damit der Teigboden der Pizzas in Miniformat gut durchgebacken wird, sollten die Zutaten eher sparsam aufgetragen werden. Toastbrot ist übrigens eine gute Alternative, wenn die Zeit für die Teigherstellung knapp ist. Man sollte die Feste feiern wie sie fallen! Der Raclette-Ofen ist allzeit bereit. Und bei den übrigen Zutaten wird man mit etwas Phantasie kaum in Verlegenheit kommen.

Spinat-Pizza
mit Wachtelei

Pizzateig

- 10 g Frischhefe
- 1,2 dl/120 ml lauwarmes Wasser
- 250 g Halbweißmehl/ Mehltype 1050
- 1 TL Salz
- 1 EL Olivenöl extra nativ oder
- 1 fertiger Pizzateig, rechteckig ausgerollt

Belag

- 300 g frischer oder 200 g tiefgekühlter Blattspinat
- 150 g Mozzarella
- 1 Knoblauchzehe
- Salz
- frisch gemahlener Pfeffer
- frisch geriebene Muskatnuss
- 6 Wachteleier

Vorbereiten

Pizzateig zubereiten: Seite 60
Spinat im Dampf zusammenfallen lassen, abgießen, gut ausdrücken. Tiefgekühlten Spinat auftauen, gut ausdrücken. Spinat und Mozzarella im Cutter oder von Hand hacken, Knoblauchzehe dazupressen, vermengen, würzen.

Am Tisch

Pfännchen mit Pizzateig belegen, Spinatmischung darauf verteilen, in der Mitte Platz für das Wachtelei lassen, Wachtelei aufschlagen und in die Mitte geben. Die Pizzas zuerst auf dem Grill rund 5 Minuten, dann unter dem Grill 2 bis 3 Minuten backen.

Zwetschgen-Ziegen-frischkäse-Toast

- 6 Scheiben Toastbrot
- 12 entsteinte Dörrzwetschgen
- 1 dl/100 ml Rotwein
- 3 EL Baumnuss-/Walnusskerne
- 100 g Ziegenfrischkäse

Vorbereiten

Zwetschgen und Rotwein aufkochen, erkalten lassen, aus dem Sud nehmen, beiseite stellen. Zwetschgen und Baumnusskerne einzeln grob hacken, dann mischen. Ziegenfrischkäse zerbröckeln.

Am Tisch

Brotscheiben in die Pfännchen legen, unter dem Grill beidseitig toasten. Brotscheiben mit dem Zwetschgensud beträufeln, Zwetschgen-Nuss-Mischung darauf verteilen, Ziegenfrischkäse darüber verteilen. Unter dem Grill überbacken.

Emmentaler Flammechüechli

Pizzateig
- 10 g Frischhefe
- 1½ dl/150 ml lauwarmes Wasser
- 250 g Halbweißmehl/ Mehltype 1050
- 1 TL Salz
- 1 EL Olivenöl extra nativ oder
- 1 fertiger Pizzateig, rechteckig ausgerollt

Belag
- 1 Zwiebel
- 3 Scheiben Frühstücksspeck
- 50 g KALTBACH Emmentaler
- 3 EL Quark
- Salz
- frisch gemahlener Pfeffer
- frisch geriebene Muskatnuss

Vorbereiten

Pizzateig zubereiten: Seite 60
Die Zwiebel in Scheiben, den Frühstücksspeck in Streifen schneiden. Emmentaler Käse auf der Röstiraffel reiben.

Am Tisch

Pfännchen mit dem Pizzateig belegen, einen Teelöffel Quark auf dem Teig ausstreichen, mit Salz, Pfeffer und Muskatnuss würzen. Zwiebeln und Frühstücksspeck darauf verteilen, Emmentaler darüber streuen. Zuerst auf dem Grill rund 5 Minuten, dann unter dem Grill 2 bis 3 Minuten backen.

Abbildung unten

Gemüsepotpourri

Pizzateig
- 10 g Frischhefe
- 1½ dl/150 ml lauwarmes Wasser
- 250 g Halbweißmehl/ Mehltype 1050
- 1 TL Salz
- 1 EL Olivenöl extra nativ oder
- 1 fertiger Pizzateig, rechteckig ausgerollt

Belag
- 200 g knackig gegartes Mischgemüse, z. B. Brokkoli, Karotten, Stangen-/Staudensellerie, Peperoni/Paprikaschote, Kohlrabi
- 100 g Mozzarella
- 6 EL Tomatensauce
- Salz
- frisch gemahlener Pfeffer
- italienische Kräutermischung

Vorbereiten

Pizzateig zubereiten: Seite 60
Gekochtes Gemüse klein schneiden. Mozzarella in kleine Würfel schneiden.

Am Tisch

Pfännchen mit dem Pizzateig belegen, Tomatensauce darauf ausstreichen, Gemüse und Mozzarella darauf verteilen, mit Salz, Pfeffer und Kräutern würzen. Zuerst auf dem Grill rund 5 Minuten, dann unter dem Grill 2 bis 3 Minuten backen.

Abbildung oben

Crostini

mit Rohschinken und Raclettekäse

- 4 Scheiben Baguette
- 1–2 EL Rapsöl
- 1 kleine Knoblauchzehe,
- 1 Msp Salz
- frisch gemahlener Pfeffer
- 2–3 Frühlingszwiebeln
- 1 Zweig Rosmarin, Nadeln abgestreift und gehackt
- 1/2 Bund Petersilie, Blätter abgezupft und gehackt
- 2 Zweige Thymian, Blättchen abgestreift
- 2 Scheiben Rohschinken, halbiert
- 150 g Raclettekäse, in Scheiben

Vorbereiten

Baguettescheiben im vorgeheizten Ofen bei 200 °C 10 Minuten backen. Auskühlen lassen. Öl und durchgepressten Knoblauch mischen, würzen. Zwiebeln mit Grün in Ringe schneiden, mit den Kräutern mischen.

Am Tisch

Baguettescheiben in Pfännchen verteilen, mit Öl beträufeln, mit Kräutermischung, Schinken und Käse belegen, nochmals ein wenig Kräutermischung darüberstreuen. Unter dem Grill backen.

Kinderpizza

Pizzateig
- 10 g Frischhefe
- 1½ dl/150 ml lauwarmes Wasser
- 250 g Halbweißmehl/ Mehltype 1050
- 1 TL Salz
- 1 EL Olivenöl extra nativ

oder
- 1 fertiger Pizzateig, rechteckig ausgerollt

Belag
- 1 Servela (Brühwurst)
- 100 g Mozzarella
- 6 EL Tomatensauce
- italienische Kräutermischung

Vorbereiten

Pizzateig zubereiten: Seite 46
Wurst schälen und in dünne Scheiben schneiden, nach Belieben Motive ausstechen. Mozzarella in kleine Würfel schneiden.

Am Tisch

Pfännchen mit dem Pizzateig belegen, Tomatensauce darauf ausstreichen, mit Mozzarella und Wurst belegen. Pizzas zuerst auf dem Grill rund 5 Minuten, dann unter dem Grill 2 bis 3 Minuten backen.

Abbildung unten

Pikanter Apfelfladen

Pizzateig
- 10 g Frischhefe
- 1½ dl/150 ml lauwarmes Wasser
- 250 g Halbweißmehl/ Mehltype 1050
- 1 TL Salz
- 1 EL Olivenöl extra nativ

oder
- 1 fertiger Pizzateig, rechteckig ausgerollt

Belag
- 1 Apfel
- 1 kleine Zwiebel
- 60 g KALTBACH Emmentaler
- 6 EL Crème fraîche/saure Sahne
- Salz
- frisch gemahlener Pfeffer
- wenig Kümmel

Vorbereiten

Pizzateig zubereiten: Seite 60
Apfel mit Schale vierteln und entkernen, Fruchtviertel in Schnitze schneiden. Zwiebel und Käse in feine Scheiben schneiden.

Am Tisch

Pfännchen mit dem Pizzateig belegen, Crème fraîche/saure Sahne darauf verstreichen, mit Salz und Pfeffer würzen. Äpfel, Zwiebeln und Käse darauf legen, mit Kümmel bestreuen. Apfelfladen zuerst auf dem Grill rund 5 Minuten, dann unter dem Grill 2 bis 3 Minuten backen.

Abbildung oben

Scharfer Käsetoast

- 6 dünne Scheiben Toastbrot
- 200 g Tilsiter surchoix
- 1 Zwiebel
- 1 Knoblauchzehe
- 6 Cornichons oder 3 Gewürzgurken
- 2 EL Rotweinessig
- 2 EL Sonnenblumenöl
- ½ TL Paprikapulver
- wenig Chilipulver
- 1 EL rote Pfefferkörner

Vorbereiten

Tilsiter Käse und Zwiebel auf der Röstiraffel reiben. Knoblauch fein hacken. Cornichons in Scheiben schneiden. Essig und Öl verrühren, mit Paprika, Chili und roten Pfefferkörnern würzen, Knoblauch, Cornichons, Käse und Zwiebeln zugeben, vermengen.

Am Tisch

Brotscheiben in die Pfännchen legen und unter dem Grill beidseitig toasten. Käsemischung auf den Brotscheiben verteilen. Unter dem Grill überbacken.

Abbildung oben

Sizilianischer Toast

- 6 dünne Scheiben Toastbrot
- 150 g Parmesan
- 3 EL Kapern
- 8 schwarze Oliven
- 2 Sardellenfilets
- wenig frische Kräuter
- 2 EL Balsamico
- 2 EL Olivenöl extra nativ
- frisch gemahlener Pfeffer
- frisch geriebene Muskatnuss

Vorbereiten

Parmesan nicht zu fein reiben. Kapern, Oliven, Sardellenfilets und Kräuter fein hacken, mit dem Parmesan vermengen. Balsamico und Olivenöl glattrühren, mit Pfeffer und Muskat würzen, Parmesanmischung zugeben, vermengen.

Am Tisch

Toastbrot in die Pfännchen legen und unter dem Grill beidseitig toasten. Die Käsemischung auf den Brotscheiben verteilen. Unter dem Grill überbacken.

Abbildung unten

Fleischpizza

Pizzateig
- 10 g Frischhefe
- 1½ dl/150 ml lauwarmes Wasser
- 250 g Halbweißmehl/ Mehltype 1050
- 1 TL Salz
- 1 EL Olivenöl extra nativ oder
- 1 fertiger Pizzateig, rechteckig ausgerollt

Belag
- 1 kleine Zwiebel
- ½ Peperoni/Paprikaschote
- 60 g Gruyère
- 120 g gemischtes Hackfleisch
- Salz
- frisch gemahlener Pfeffer
- Paprikapulver
- getrockneter Majoran
- 3 TL Ketchup

Vorbereiten

Pizzateig: Die Hefe mit 2 Esslöffel lauwarmem Wasser flüssig rühren. Mehl mit dem Salz mischen, eine Vertiefung formen, angerührte Hefe, Wasser und Olivenöl in die Vertiefung geben, alles zusammenfügen, Teig 5 bis 10 Minuten kneten. Wenn der Teig zu trocken ist, knetet man etwas Wasser ein, wenn er zu feucht, knetet man wenig Mehl ein. Teigschüssel mit einem feuchten Tuch zudecken, Hefeteig auf das doppelte Volumen aufgehen lassen. Den Pizzateig nochmals kurz kneten, ausrollen und in pfännchengroße Rechtecke schneiden.

Zwiebel fein hacken. Stielansatz und Kerne des Peperoni entfernen, Schote in Würfelchen schneiden. Gruyère auf der Röstiraffel reiben.

Am Tisch

Wenig Zwiebeln und Peperoni in die Pfännchen verteilen, auf dem Grill kurz dünsten, je 2 TL Hackfleisch beigeben, unter Wenden anbraten, mit Salz, Pfeffer, Paprika und Majoran würzen, herausnehmen. Pfännchen mit Pizzateig belegen, mit ½ TL Ketchup bestreichen, Hackfleisch darauf verteilen, mit Käse bestreuen. Pizzas auf dem Grill rund 5 Minuten, dann unter dem Grill 2 bis 3 Minuten backen.

Tomme-Toast

- 6 dünne Scheiben Toastbrot
- 1 Tomme
- 75 g Raclettekäse
- 1 kleine Schalotte
- wenig frische Kräuter
- 1 EL Senf
- 3 TL Crème fraîche/saure Sahne
- einige Tropfen Worcestersauce
- einige Tropfen Tabascosauce
- Salz
- frisch gemahlener Pfeffer
- 1 EL Kümmelsamen

Vorbereiten

Tomme mit einer Gabel zerdrücken, Raclettekäse in Würfelchen schneiden und beifügen. Schalotte und Kräuter fein hacken, zum Käse geben. Senf, Crème fraîche/saure Sahne und alle Gewürze beifügen, gut vermengen.

Am Tisch

Die Brotscheiben in die Pfännchen legen und unter dem Grill beidseitig toasten, Käsemischung darauf verteilen. Unter dem Grill überbacken.

Camembert-Toast

- 6 dünne Scheiben Toastbrot
- 40 g Butter
- 125 g Camembert
- 1 Birne
- 3 EL Preiselbeeren

Vorbereiten

Brotscheiben mit Butter bestreichen. Camembert in feine Scheiben schneiden. Die Birne ungeschält vierteln, entkernen, die Viertel in feine Scheiben schneiden.

Am Tisch

Brotscheiben in die Pfännchen legen, unter dem Grill beidseitig toasten, Käse, Birnen und Preiselbeeren auf das Brot legen, unter dem Grill überbacken.

Abbildung Seite 61, unten

Frenchtoast

mit scharfem Apfelkompott

- 6 dünne Scheiben Toastbrot
- 1 Freilandei
- 2 EL Kaffeerahm/-sahne
- 1 EL Vollrohrzucker
- 1 Prise Zimtpulver
- 1 EL Butter

Kompott
- 1 roter Peperoncino/Pfefferschote
- 2 Äpfel
- ½ dl/50 ml Wasser
- 1 EL Zitronensaft
- 1 EL Vollrohrzucker

Vorbereiten

Für das Apfelkompott Peperoncino aufschneiden und entkernen, die Schotenhälften in Streifchen schneiden. Äpfel schälen, vierteln und entkernen, Fruchtviertel quer in Scheiben schneiden. Alle Zutaten aufkochen, bei schwacher Hitze zu Kompott kochen. Ei, Kaffeerahm, Zucker und Zimtpulver verrühren.

Am Tisch

Wenig Butter in die Pfännchen geben, auf dem Grill schmelzen. Pfännchen vom Grill nehmen. Brotscheiben in der Eiermischung wenden, in die Pfännchen legen und unter dem Grill backen. Apfelkompott darauf verteilen.

Abbildung oben

Rezept «Camembert-Toast» (unten), Seite 61

Kräuter-Toast

- 6 dünne Scheiben Toastbrot
- 150 g Frischkäse
- 1 Tasse gehackte frische Kräuter
- 1 Knoblauchzehe
- Salz
- frisch gemahlener Pfeffer
- 3 Tomaten
- 100 g Emmentaler Käse

Vorbereiten

Kräuter unter den Frischkäse rühren, Knoblauch dazupressen, mit Salz und Pfeffer würzen. Stielansatz der Tomaten kreisförmig herausschneiden, Tomaten in Scheiben schneiden. Käse in feine Scheiben schneiden.

Am Tisch

Brotscheiben in die Pfännchen legen, unter dem Grill beidseitig toasten, Frischkäsemischung darauf verteilen, mit Tomaten und Käse belegen, unter dem Grill überbacken.

Abbildung oben

Pilztoast

- 6 dünne Scheiben Toastbrot
- 350 g Champignons
- 1 Zwiebel
- 1 Bund Petersilie
- 1 EL Butter
- 1 dl/100 ml Weißwein
- Salz
- frisch gemahlener Pfeffer
- 2 Tomaten
- 75 g Tilsiter Käse

Vorbereiten

Die Champignons in feine Scheiben schneiden. Zwiebel und Petersilie fein hacken, in der Butter andünsten, Pilze mitdünsten, Weißwein zugeben, mit Salz und Pfeffer würzen, kurz köcheln lassen. Stielansatz der Tomaten kreisförmig herausschneiden, Tomaten in kleine Würfel schneiden. Tilsiter auf der Röstiraffel reiben.

Am Tisch

Brotscheiben in die Pfännchen legen, unter dem Grill beidseitig toasten. Pilzmischung auf die Brotscheiben verteilen, mit Tomaten und Käse belegen, unter dem Grill überbacken.

Abbildung unten

Spargel-Pizza

Teig
- 10 g Hefe
- 1½ dl/150 ml lauwarmes Wasser
- 250 g Halbweißmehl
- 1 TL Salz
- 1 EL Olivenöl extra nativ
  oder
- 1 Pizzateig, rechteckig ausgerollt

Belag
- 1 EL Butter
- 250 g grüner oder weißer Spargel
- Gemüsebrühe
- 3 EL Rahm-/Sahnequark
- 1 Eigelb
- 50 g KALTBACH Le Gruyère, gerieben
- Salz, Pfeffer

Vorbereiten

Pizzateig zubereiten: Seite 60
Untere Hälfte des weißen Spargel großzügig, den Rest sparsam schälen, bis alle grobfasrigen Teile entfernt sind, Schnittstelle großzügig kürzen. Beim grünen Spargel nur das untere Drittel schälen, Schnittstelle kürzen. Spargel in mundgerechte Stücke schneiden und in der Butter andünsten, wenig Gemüsebrühe zugeben, zugedeckt bei schwacher Hitze knapp weich garen. Erkalten lassen. Quark und Eigelb verrühren, Käse untermischen, würzen, Spargel zugeben.

Am Tisch

Pfännchen mit Pizzateig belegen, Spargel darauf verteilen. Pizzas zuerst auf dem Grill rund 5 Minuten, dann unter dem Grill 2 bis 3 Minuten backen.

Abbildung unten

Oliven-Tartelettes

- 1 Kuchenteig, rechteckig ausgerollt
- 2 EL Haselnüsse
- 200 g entsteinte schwarze Oliven
- 150 g Mozzarella
- 1 Knoblauchzehe
- 1 EL Zitronensaft
- 2 EL Olivenöl extra nativ
- je ½ gelber und roter Peperoni/Paprikaschote

Vorbereiten

Haselnüsse im Cutter oder mit dem Messer grob hacken, in einer Bratpfanne trocken rösten. Oliven und Mozzarella im Cutter oder mit dem Messer sehr fein hacken, Knoblauch dazupressen, Zitronensaft, Olivenöl und Nüsse unterrühren. Peperoni entkernen, in Streifen schneiden. Kuchenteig in pfännchengroße Rechtecke schneiden.

Am Tisch

Pfännchen mit Kuchenteig belegen, Olivenmasse darauf verteilen. Peperoni darauf legen. Tartelettes zuerst auf dem Grill rund 5 Minuten, dann unter dem Grill 2 bis 3 Minuten backen.

Abbildung oben

Focacce

Focacce und Kleingebäck zum Aperitif

Aperitif mit Racletteofen oder Tischgrill...
in kleinen Schalen wartet Würziges wie geriebener Käse, Schinkenstreifen, gehackte Kräuter, Peperoni-/Paprikastreifen, Mohnsamen, Sesamsamen, Kümmelsamen, grobkörniges Salz. Das Tüpfchen auf dem i ist zweifelsohne der hausgemachte Teig, der rechteckig portioniert oder mit beliebigen Förmchen ausgestochen wird. Jetzt kann der Aperitif beginnen: Man muss nur den Teig in das Pfännchen legen und nach seinem Gusto belegen und würzen.

Käsefocaccia

- 10 g Frischhefe
- 1 EL lauwarmes Wasser
- 125 g Ruch-/Schwarzmehl/ Mehltype 1050
- ½ TL Salz
- 25 g geriebener Sbrinz oder Parmesan
- 50 g KALTBACH Le Gruyère, gerieben
- ca. ½ dl/50 ml lauwarmes Wasser
- 1 EL Kümmelsamen
- 1 TL Olivenöl extra nativ

- 1 Zwiebel

Vorbereiten

Die Hefe mit dem Wasser flüssig rühren. Mehl, Salz und Käse in einer Schüssel mischen. Hefe, Wasser, Kümmel und Öl beifügen, in etwa 5 Minuten zu einem geschmeidigen Teig kneten. Schüssel mit einem feuchten Tuch zudecken, Teig an einem warmen Ort auf das doppelte Volumen aufgehen lassen. Teig nochmals kurz kneten. Hefeteig auf bemehlter Arbeitsfläche etwa 7 mm dick ausrollen, in pfännchengroße Vierecke schneiden. Zwiebel in feine Scheiben schneiden.

Am Tisch

Teigplätzchen in die Pfännchen legen, mit Zwiebelscheiben belegen. Käsefocaccia zuerst auf dem Grill rund 3 Minuten, dann unter dem Grill etwa 4 Minuten backen.

Schinkenfocaccia

- 10 g Frischhefe
- 1 EL lauwarme Milch
- 125 g Ruch-/Schwarzmehl/ Mehltype 1050
- 2 Prisen Meersalz
- 25 g geriebener Parmesan
- 25 g zimmerwarme Butter
- ca. ½ dl/50 ml lauwarme Milch
- 40 g Schinken oder Speck, klein gewürfelt

Vorbereiten

Die Hefe mit der Milch flüssig rühren. Mehl, Salz und Käse in einer Schüssel mischen, Butter, Hefe sowie lauwarme Milch zugeben, in etwa 5 Minuten zu einem geschmeidigen Teig kneten, Schinken einkneten. Schüssel mit einem feuchten Tuch bedecken, Teig auf das doppelte Volumen aufgehen lassen. Teig nochmals kurz kneten, auf bemehlter Arbeitsfläche etwa 7 mm dick ausrollen. In pfännchengroße Vierecke schneiden.

Am Tisch

Teigplätzchen in die Pfännchen legen. Schinkenfocaccia zuerst auf dem Grill rund 3 Minuten, dann unter dem Grill etwa 4 Minuten backen.

Crackers

- 100 g Vollkornmehl
- 1 TL Vollrohrzucker
- ½ TL Salz
- 50 g geriebener Parmesan
- 1 EL Kümmelsamen
- 1 EL Mohnsamen
- 60 g zimmerwarme Butter
- 3 EL Wasser

Vorbereiten

Mehl, Zucker, Salz, Käse, Kümmel und Mohn in einer Schüssel mischen, Butter und Wasser beifügen, alles zu einem geschmeidigen Teig kneten. Schüssel mit einem feuchten Tuch bedecken, den Teig 30 Minuten ruhen lassen. Teig auf bemehlter Arbeitsfläche etwa 4 mm dick ausrollen, beliebige Motive ausstechen.

Am Tisch

Teigplätzchen in die Pfännchen legen. Crackers kurz auf den Grill stellen, dann unter dem Grill kurz fertig backen. Gesamte Backzeit rund 1 Minute.

Abbildung

Pariser Käsestangen

- 100 g Vollkornmehl
- 70 g kalte Butterstückchen
- 75 g KALTBACH Le Gruyère, gerieben
- geriebene Muskatnuss
- 1 Prise Salz
- frisch gemahlener Pfeffer
- 1 EL Crème fraîche/saure Sahne

Vorbereiten

Mehl, Butter, Käse und Gewürze in einer Schüssel mischen, zwischen den Fingern schnell zu einer gleichmäßig krümeligen Masse reiben. Crème fraîche/saure Sahne beifügen, kurz kneten, bis der Teig zusammenhält. Teig auf bemehlter Arbeitsfläche 4 mm dick ausrollen. Mit dem Teigrädchen in 2 cm breite und 5 cm lange Streifen schneiden.

Am Tisch

Teigstreifen in die Pfännchen legen, Käsestangen unter dem Grill 5 bis 6 Minuten backen.

Abbildung

Abbildung
links: Crackers
rechts: Pariser Käsestangen
oben: Knusperfladen,
Rezept Seite 72
unten: Blätterteiggebäck mit Kräutern,
Rezept Seite 73

Knusperfladen

- 10 g Frischhefe
- 1 EL lauwarmes Wasser
- 100 g Ruch-/Schwarzmehl/ Mehltype 1050
- 2 Prisen Salz
- ca. ½ dl/50 ml lauwarmes Wasser
- 1 EL Olivenöl extra nativ
- 1 TL Sonnenblumenkerne
- 1 TL Kürbiskerne
- 1 TL Sesamsamen

Vorbereiten

Hefe mit dem Wasser flüssig rühren. Mehl und Salz in einer Schüssel mischen. Hefe, lauwarmes Wasser und Olivenöl zugeben, in etwa 5 Minuten zu einem geschmeidigen Teig kneten, Kerne und Samen einkneten. Schüssel mit einem feuchten Tuch bedecken, Teig auf das doppelte Volumen aufgehen lassen. Teig nochmals kurz kneten, auf bemehlter Arbeitsfläche etwa 4 mm dick ausrollen. In pfännchengroße Vierecke schneiden.

Am Tisch

Teigplätzchen in die Pfännchen legen, Knusperfladen zuerst auf dem Grill rund 3 Minuten, dann unter dem Grill nochmals 3 Minuten backen.

Abbildung Seite 71, oben

Kräuterfladen

- 10 g Frischhefe
- 1 EL lauwarmes Wasser
- 125 g Weizenschrot
- 60 g Ruch-/Schwarzmehl/ Mehltype 1050
- 1 TL Salz
- frisch gemahlener Pfeffer
- 1 Knoblauchzehe
- 4 EL gehackte Kräutermischung, z. B. Rosmarin, Majoran, Basilikum, Schnittlauch
- 90 g Vollmilchjogurt

Vorbereiten

Hefe mit dem Wasser flüssig rühren. Weizenschrot, Mehl und Salz mischen, mit reichlich Pfeffer abschmecken, Knoblauch dazupressen, Hefe, Kräuter und Jogurt unterrühren, in etwa 5 Minuten zu einem geschmeidigen Teig kneten. Schüssel mit einem feuchten Tuch bedecken, Teig auf das doppelte Volumen aufgehen lassen. Hefeteig nochmals kurz kneten, auf bemehlter Arbeitsfläche etwa 4 mm dick ausrollen, beliebige Motive ausstechen.

Am Tisch

Teigplätzchen in die Pfännchen legen. Kräuterfladen zuerst auf dem Grill rund 3 Minuten, dann unter dem Grill weitere 3 Minuten backen.

Peperonifladen

- 10 g Frischhefe
- 1 EL lauwarmes Wasser
- 150 g Ruch-/Schwarzmehl/ Mehltype 1050
- 2 Prisen Salz
- ½ TL italienische Kräutermischung
- ca. ½ dl/50 ml lauwarmes Wasser
- 1 TL Olivenöl extra nativ
- 1 EL Quark
- ½ roter Peperoni/Paprikaschote

Vorbereiten

Hefe mit dem Wasser flüssig rühren. Mehl, Salz und Kräuter mischen, Hefe, lauwarmes Wasser, Olivenöl und Quark unterrühren, in 5 Minuten zu einem geschmeidigen Teig kneten. Peperoni entkernen, in Würfelchen (Brunoise) schneiden, einkneten. Schüssel mit einem feuchten Tuch bedecken, Teig an einem warmen Ort auf das doppelte Volumen aufgehen lassen. Hefeteig nochmals kurz kneten. Von Hand etwa 1 cm dicke, kleine Fladen formen.

Am Tisch

Peperonifladen in die Pfännchen legen, zuerst auf dem Grill rund 3 Minuten, dann unter dem Grill 4 Minuten backen.

Blätterteiggebäck mit Kräutern

- 250 g Blätterteig

Belag

- 1 Bund Petersilie
- 1 Bund Schnittlauch
- 6 EL Crème fraîche/saure Sahne
- Salz
- frisch gemahlener Pfeffer

Vorbereiten

Blätterteig etwa 3 mm dick, in pfännchengroße Vierecke schneiden. Petersilie von den Stielen zupfen und fein hacken, Schnittlauch fein schneiden.

Am Tisch

Teigplätzchen in die Pfännchen legen, mit einer Gabel mehrmals einstechen. Crème fraîche/saure Sahne auf dem Teig verstreichen, mit Salz und Pfeffer würzen, die Kräuter darüber streuen. Kräuterplätzchen zuerst auf dem Grill rund 5 Minuten, dann unter dem Grill 3 bis 4 Minuten backen.

Abbildung Seite 71, unten

Stichwortverzeichnis